鳥になった日

ヴァーツラフ・ベドジフ、ボフミル・シシュカ え
ヴァーツラフ・ベドジフ、ヴァーツラフ・チュトブルテク ぶん
かい みのり やく

みどりの草木が　おたがいを

くすぐる　しんりょくのきせつ。

森の精アマールカが　草のブランコで

あそんでいたときのこと。

ピヨ　ピヨ　ピヨ

ヒワのだんなさんが　とんできました。

「アマールカ　どうかたすけてくれないか。

つまが　朝でかけたきり　もどってこないんだ」

「わたしにまかせて、すぐにさがしてきてあげる!」
アマールカは 森のなかまたちに ヒワのゆくえを
たずねてまわりましたが、だれもしりません。
森のことなら なんだってしっている
フクロウじいさんでさえ、くびをかしげます。

それでもアマールカは、あきらめずに　いったりきたり。

ようやく　草かげの　木のいたのうえで

うなだれている　ヒワのおくさんを　みつけました。

「よかった、あちこち　さがしたのよ」

「鳥撃ちの　“おじぎ”のワナに　かかって

みうごきがとれないの」

「だいじょうぶよ、いますぐ　たすけてあげる」

そのときです。ひゅるん！　いたずらな風がふいて
アマールカの　だいじな髪も　ワナにかかってしまいました。
「たいへん、わたしまで　つかまってしまったわ」
そこへ　おじぎの足おとが　聞こえてきます。

「もう　にげるじかんはないわ」

ド・ミ・ソ！　レ・ファ・ラ！

アマールカは　まほうをつかい、毛色のうつくしい
鳥のすがたに　へんしんしました。

そこへ、おじぎが　やってきました。

ワナにかかった　ヒワのおくさんと

鳥になったアマールカを　みつけて、おおよろこび。

「これはなんとも　だいしゅうかくだ！

こんなに　きれいな鳥は　みたことがない。

さぞや　いいこえで　ないてくれるだろう」

おじぎが　じょうきげんで　いえにかえるとちゅう、
いばりんぼうの女王さまと　ばったりでくわしました。
あわてて　ひょこひょこと　とくいのおじぎをくりかえし
女王さまに　けいいをはらいます。

「その鳥かごを みせなさい。

まぁ、なんてかわいらしい鳥だこと！

わたしのおしろへ もってきなさい」

つぎの日、おしろでは　うたの会が　ひらかれました。

おじぎは　ヒワとアマールカを　さしだします。

女王さまは、二羽をかごからだして　めいれいします。

「さぁ、あなたたち　わたしのために

うつくしいこえで　うたってちょうだい！」

ピ、ピヨ　ピヨ　ピ
ヒワのおくさんと
アマールカは
めくばせをして

女王(じょおう)さまのいいなりに
ならないよう、
わざとへたくそに　うたいます。
ピピ、ピ　ピヨピヨ

女王さまが　しきぼうをふっても、

二羽は　じょうずにうたいません。

とうとう　女王さまは　おこりだしました。

「もういいわ！　へたなうたは　もうたくさん。

みんな　まとめて　ろうやへはいっておしまい！」

「女王さま、どうかおたすけを」

おじぎは　女王さまに　ゆるしをこおうと

ひっくりかえりそうなほど　おじぎをしましたが、

そのおじぎも　むなしく　ぜんいん

ろうやばんに　つれていかれてしまいました。

おしろから おかのうえのろうやへ つづく道を
馬車が かたかたと すすんでいきます。
「アマールカ、まほうをつかって にげましょう」
ヒワがそっと アマールカに みみうちします。
「だめよ、わたしは 森の精だもの。
まほうをつかうには 木の根が ひつようなの」

「もう、おしまいだ…」
おじぎが　ためいきをついた、そのとき
パタ　パタ　パタ
ヒワのだんなさんが
木の根をくわえて　あらわれました。
「風が　きみたちのこえを　はこんできてくれたんだ。
さぁ、アマールカ　まほうをつかっておくれ」

ド・ミ・ソ！　レ・ファ・ラ！

ミシミシ　ガッシャン　バラバラバラ

アマールカのまほうで　ばしゃは　パズルのように
くずれ、そのおとに　おどろいたうまは　ろうやばんを
ひきずって　どこかへ　かけていってしまいました。
こうして、みんな　ぶじに　にげだすことができました。

「アマールカ、ありがとう」

ヒワのふうふは　なかよく　はばたいていきました。

おどろいて　こしをぬかした　おじぎに

アマールカは　木切(きぎ)れを　さしだします。

「おじぎさん、つえをあげるわ。もう、おじぎをしたとき

ひっくりかえってしまわないようにね」

そういって、森(もり)のなかへ

おどりながら　きえていきました。

アマールカ　鳥になった日（1973年製作）
原案・脚本　ヴァーツラフ・チュトブルテク　　　　監督・脚本　ヴァーツラフ・ベドジフ
美術　ヴァーツラフ・ベドジフ、ボフミル・シシュカ　　絵本版日本語訳　甲斐みのり

アマールカ絵本シリーズ④『鳥になった日』

2012年6月26日　初版第1刷発行

発行人　大谷秀政（LD&K Inc.）　　発行元・発売元　株式会社LD&K　　www.ldandk.com　　FAX:03-5464-7412
デザイン　栗谷川舞（STUBBIE Ltd.）　　編集　小林祐子（LD&K Inc.）　　編集協力　武本佳奈絵（pipio）
印刷　大日本印刷株式会社
企画・制作 プロデューサー　谷口周平（LD&K Inc.）・眞部学（アットアームズ）　　協力　アットアームズ・HORIPRO
©Licence provided by Czech Television B.Siska and V.Bedrich Master licensee in Japan, AT ARMZ
©2012 LD&K BOOKS/LD&K Inc. printed in Japan　　ISBN978-4-905312-21-5

※落丁・乱丁本はお取り替えいたします　※禁・無断転載
アマールカ公式ホームページ　　http://www.amalka-project.com